LA

# SOCIÉTÉ INTERNATIONALE DES TRAVAILLEURS
## ET SES DOCTRINES

PAR

**M. Maxime GAUSSEN**

SÉANCE DE LA SOCIÉTÉ DES ÉTUDES PRATIQUES D'ÉCONOMIE SOCIALE

LE 15 FÉVRIER 1874

# LA
# SOCIÉTÉ INTERNATIONALE DES TRAVAILLEURS

## ET SES DOCTRINES

SÉANCE DE LA SOCIÉTÉ DES ÉTUDES PRATIQUES D'ÉCONOMIE SOCIALE

LE 15 FÉVRIER 1874

Messieurs et Mesdames, j'ai à vous entretenir de la *Société internationale des travailleurs*, dont tout le monde a entendu parler, car elle vient d'être mise, on peut le dire, au ban de l'Europe; mais dont peu de personnes connaissent bien le point de départ, les agissements et les doctrines. Ce qu'on ne sait pas assez, surtout, c'est que cette redoutable association, dans sa constitution actuelle, peut faire courir les plus grands dangers à la civilisation moderne, et qu'elle a donné des chefs et participé à cette formidable insurrection qui a tenu en échec, pendant plus de deux mois, toutes les forces conservatrices de la France.

A son début, il faut le constater, la Société internationale des travailleurs ne paraissait représenter, pour beaucoup de bons esprits, un peu trop disposés à s'illusionner suivant moi, que des aspirations économiques très-avouables ; mais, aujourd'hui, on ne peut nier qu'elle personnifie les illusions socialistes les plus incroyables, ainsi que les aspirations révolutionnaires de ceux qui voudraient nous imposer par la force, au nom d'une multitude égarée, un régime politique dont le souvenir est toujours un sujet d'effroi pour nos populations paisibles et laborieuses ; pour tous ceux, en un mot, qui par leur travail, leur intelligence et leur prévoyance, concourent le plus à la création de cette richesse, dont on méconnaît si souvent les bienfaits et la puissance civilisatrice.

Quant à moi, simple délégué aux conférences du Luxembourg, en 1848, j'ai suivi, depuis cette époque, avec une certaine anxiété, la marche de ce que vous me permettrez d'appeler l'idée socialiste ; et j'ai assisté, je puis l'affirmer, en spectateur attentif, à ses différentes transformations, ou plutôt aux différentes phases qu'elle devait fatalement parcourir. Aussi, il y a bien longtemps qu'il m'était démontré que, par la force des choses, elle deviendrait de plus en plus militante, révolutionnaire ; surtout lorsqu'elle croirait avoir réuni en un seul faisceau toutes les forces vives du prolétariat.

Et elle y tend de plus en plus, sans s'occuper du sang qu'elle fait répandre et des ruines qu'elle entasse. C'est ce qui fait que nos constitutions sociales et économiques sont plus menacées qu'on ne le croit généralement.

Maintenant, avant d'aller plus loin, me sera-t-il permis de dire, que je me trouve très-heureux de pouvoir exprimer devant vous tout ce que je pense à ce sujet ? D'abord, parce que j'ai l'honneur de parler devant des hommes savants ou très-expérimentés en matière de science sociale et économique ; et aussi, en présence de dames d'un esprit assez élevé et assez sérieux, pour se plaire à contribuer, par le charme de leur présence, à rendre nos discussions si courtoises.

Un peu d'histoire maintenant, si vous le permettez.

L'idée socialiste, dans son expression la plus accentuée, date, pour ne pas remonter trop haut, de la conjuration des Égaux ;

c'était le Babouvisme; mais, de nos jours, sa première manifestation officielle se produisit en Angleterre. Une discussion qui eut lieu dans la Chambre des lords, en 1840, le prouve. Ainsi, les précurseurs de l'Internationale actuelle étaient déjà accusés de ne vouloir ni propriété privée, ni mariage, ni religion ; de viser, en un mot, à renverser l'organisation sociale existante. Vous allez le voir, du reste, Messieurs et Mesdames, il n'y a, en effet, aucune différence entre les chartistes de 1840 et les sectaires qui, au Congrès de Bâle, en 1869, ont été en majorité pour décider que *la Société a le droit de faire entrer le sol et les instruments de travail dans la propriété collective*; et où une minorité très-puissante se déclara athée, demanda l'abolition de l'héritage et le renversement de toutes les conventions sociales établies.

Il faut arriver maintenant à l'année 1848, pour constater une des plus violentes explosions de l'idée socialiste. Les esprits, il faut le dire, y étaient préparés depuis longtemps; et si les différents systèmes de *Robert Owen*, de *Saint-Simon*, de *Fourier*, n'avaient fait des prosélytes que dans la classe éclairée, en séduisant même certains esprits très-distingués, mais un peu trop aventureux ; le livre de M. Louis Blanc, cette fameuse thèse sur l'organisation du travail, avait caressé bien des illusions, éveillé bien des convoitises, fait tourner, vulgairement parlant, bien des têtes dans la classe ouvrière.

Déjà à Lyon du reste, en 1832, sous des inspirations semblables, et en s'appuyant sur ce principe économique si menaçant pour l'ordre social : *Le droit au travail*, une insurrection, qu'on peut qualifier de socialiste, avait éclaté en inscrivant sur son drapeau cette sombre devise : *Vivre en travaillant ou mourir en combattant*.

Quant à l'insurrection de juin 1848, elle n'avait pas de drapeau, en apparence; mais on ne peut nier qu'elle fût franchement socialiste, on pourrait même dire communiste. Et je ne crains pas d'ajouter que les prédications du Luxembourg, et la création presque forcée des ateliers nationaux, furent ses causes déterminantes. Avait-elle les sympathies de la minorité du gouvernement provisoire ? Rien n'est encore bien éclairci à ce sujet. Dans tous les cas, on doit supposer que son triomphe eût été la mise en pratique d'un socialisme radical.

Il n'est peut-être pas inutile de dire ici, que cette insurrection ne pouvait avoir d'excuses politiques ; nous étions même en pleine république démocratique : suffrage universel, liberté illimitée de la presse, droit de réunion, nous avions tout cela. Mais, en réalité, il s'agissait de tout autre chose; car, pour les socialistes, en général, la forme politique n'est que le moyen. On voulait alors ce que le socialisme militant a toujours voulu ; seulement le dernier mot du sphinx était dissimulé perfidement sous le couvert d'un simple adjectif, qui représentait et a toujours représenté le pêle-mêle des aspirations des illusionnés et des envieux. Cet adjectif, c'est le mot *sociale !* Aussi a-t-on qualifié depuis, et avec raison, de *socialistes* ceux qui l'employaient d'une certaine façon.

L'insurrection de Juin fut formidable, vous le savez ; car les masses étaient armées, et on avait fait appel à toutes les mauvaises passions. Quoi qu'il en soit, cette levée de boucliers socialistes n'a été écrasée qu'avec peine ; elle coûta les plus grands sacrifices aux défenseurs de l'ordre et de la civilisation. Plusieurs généraux succombèrent dans la lutte; et, il faut le dire, ce fut en grande partie à ces bataillons improvisés de jeunes enfants, mal vêtus, mal nourris, et livrés même à toutes les suggestions des utopistes et des sectaires, que nous dûmes le succès.

Je sais bien que des personnes plus ou moins intéressées dans la question, prétendirent plus tard, et *Proudhon* le premier, que l'insurrection de Juin avait été un malentendu; mais cela n'est pas soutenable ; car les esprits les moins perspicaces l'avaient prévue, annoncée, en quelque sorte. Non ! il y eut beaucoup moins de malentendus en juin 1848 qu'en mars 1871 ; et, je le répète, l'insurrection de Juin fut bien une bataille livrée par le socialisme militant à l'ordre social actuel.

Le caractère qu'elle devait avoir, du reste, avait été parfaitement indiqué par celui qu'on a appelé depuis le Bayard de la démocratie, par *Barbès*, à la tribune de l'Assemblée nationale, quand elle fut envahie le 15 mai ; et lorsqu'il proposa à une foule égarée de voter un milliard d'impôt sur les riches. Or, on se doute bien comment cet impôt eût été perçu. Sans nul doute, il se serait transformé tout simplement en un commencement de liquidation sociale.

A présent, Messieurs et Mesdames, permettez-moi une petite digression nécessaire au développement de ma thèse.

A y regarder de près, l'idée socialiste, dans sa meilleure expression, est vieille comme le monde, et si elle n'a jamais pu constituer rien de sérieux, au point de vue social, c'est qu'elle ne peut s'accorder avec les tendances instinctives du cœur humain. A toutes les époques, il est vrai, des hommes simples et sous l'empire de certaines croyances, se sont réunis pour travailler en commun, et partager, au prorata de leurs besoins, les fruits du travail. Ainsi, même dans sa phase primitive, l'idée socialiste était au fond communiste; mais elle impliquait alors la foi, l'humilité et la charité; en un mot, la fraternité dans sa plus pure application. On peut donc dire que, dans ce cas, sa compagne obligée, c'est la croyance; et il n'y a vraiment que des illusionnés, des esprits tout d'une pièce, et méconnaissant les entraînements les plus impérieux de l'humanité, qui persistent à croire, qu'un communisme plus ou moins déguisé puisse arriver, dans la généralité des cas, à servir de base à une constitution sociale, et à satisfaire les tendances innées de toute agglomération humaine.

Non! cela ne se discute vraiment pas; et l'idée socialiste n'a jamais pu rien constituer et ne constituera jamais, comme nous venons de le dire, rien de sérieux, en dehors de quelques petits groupes composés de natures exceptionnelles. Mais il était réservé à nos législateurs inexpérimentés de la fin du xviii{{e}} siècle, d'avoir assez d'illusions pour croire qu'en s'appuyant sur elle, ils parviendraient à fonder une société nouvelle avec les débris de celle qui, en définitive, donnait satisfaction à la généralité des besoins moraux et matériels de l'homme civilisé, surtout depuis la nuit du 4 août 1789.

Ainsi, le 24 juin 1793, en proclamant la fameuse DÉCLARATION DES DROITS DE L'HOMME ET DU CITOYEN, la Convention obéissait évidemment à des aspirations socialistes. Il n'y a qu'à lire, pour en être convaincu, les articles 10, 11 et 12 de cette Déclaration; les voici :

ART. 10. — *La société est obligée de pourvoir à la subsistance de tous ses membres, soit en leur procurant du travail, soit en assurant des moyens d'existence à ceux qui sont hors d'état de travailler.*

Art. 11. — *Les secours indispensables à celui qui manque du nécessaire, sont une dette de celui qui possède le superflu. Il appartient à la loi de déterminer la manière dont cette dette doit être acquittée.*

Art. 12. — *Les citoyens dont les revenus n'excèdent point ce qui est nécessaire à leur subsistance, sont dispensés de contribuer aux charges publiques; les autres doivent les supporter progressivement, selon l'étendue de leur fortune.*

Eh bien, l'article 10, n'est-ce pas le droit au travail, c'est-à-dire une des bases du socialisme de M. *Louis Blanc?*

L'article 11, n'est-ce pas, en quelque sorte, le partage légalisé, et aussi l'encouragement à l'oisiveté et à la paresse?

Quant à l'article 12, c'est évidemment une porte ouverte à l'impôt progressif : une des plus chères aspirations du parti socialiste militant.

Il y a aussi, il faut oser le dire, trois mots de la même époque, et qui sont inscrits non-seulement sur tous nos monuments, mais encore sur la plus petite de nos écoles publiques, comme sur les modestes postes des défenseurs de la loi.

Ces trois mots, je ne crains pas de l'affirmer, représentent une formule à la fois socialiste et anarchique.

Ainsi, *la liberté* pour les masses, c'est la liberté de tout faire; c'est-à-dire, le plus souvent, de mal faire. N'est-ce pas, en effet, au nom de la liberté que les actes les plus répréhensibles, les plus contraires à tout ordre social ont été commis?

L'*égalité!* c'est un mot plein de sous-entendus. Pour les esprits sérieux et pratiques, c'est l'égalité devant la loi; mais pour le commun des martyrs, c'est ce que l'on veut : l'égalité des conditions, l'égalité des salaires, l'égalité des jouissances; que sais-je, moi!

Puis vient la *fraternité!* Ah! c'est bien autre chose; car au nom de la fraternité, on peut tout demander à une société. Cependant, les socialistes militants ont encore trouvé sa signification trop humble, ressemblant trop à celle de la charité; et ils ont remplacé le mot *fraternité* par le mot *solidarité*. Ce mot dit tout, à leur point de vue. Aussi, l'un des sectaires les plus fanatiques de la Société internationale des travailleurs a écrit quelque part : « *La « solidarité renferme à la fois : la liberté, l'égalité, la fraternité.* » Ce qui veut dire, à mots couverts, que le principe de la solidarité une fois admis, on peut tout demander à une société, tout exiger d'elle, et même tout niveler.

Aussi, je n'hésite pas à le dire, tant qu'un pouvoir social n'aura pas une autorité suffisante pour faire effacer, en plein jour, ces trois mots qui frappent partout nos regards, et ne pourra pas les faire remplacer par ceux-ci : « *Travail! propriété! famille!* » ou par cette formule : « *Respect aux propriétés et aux lois établies*, » les revendications socialistes seront en apparence légitimées.

Permettez-moi, Messieurs, de revenir sur ce droit au travail, inscrit dans l'article 10 de la fameuse Déclaration des droits de l'homme.

Le droit au travail, qu'on ne s'y trompe pas, c'est la plus destructive de toutes les machines de guerre que le socialisme militant puisse introduire dans le camp des défenseurs de la société. Non-seulement il légitime toutes les revendications, ainsi que toutes les insurrections contre l'ordre établi, mais il les provoque. Et voyez dans quel cercle vicieux un pouvoir public est enfermé par le droit au travail : lorsque la paix sociale est menacée, n'est-il pas évident que le travail est plus ou moins suspendu, en un mot, que le mouvement industriel et commercial s'arrête ? et c'est alors cependant qu'il faudrait du travail à tout prix ! Que faire? Décréter des travaux improductifs? Organiser, sous une désignation ou sous une autre, des ateliers nationaux? Et avec quoi solder longtemps ces foules murmurantes, pleines d'illusions, et où fermentent si souvent tant de mauvaises passions? Et puis, ne faut-il pas bientôt leur donner des armes? Car lorsqu'on en est là, c'est que la force publique est désorganisée, ou devenue suspecte aux masses ; et néanmoins il en faut une. Dans tous les cas, que vous refusiez ou que vous donniez ces armes, la guerre civile devient inévitable.

Du reste, aujourd'hui encore, malgré les trois défaites du prolétariat, car c'est ainsi qu'un des chefs du parti socialiste autoritaire qualifie l'insurrection lyonnaise de 1832, et celles de Paris en juin

1848, et en mars 1871; les aspirations du socialisme militant sont toujours les mêmes; ne nous y trompons pas. Et elles sont d'autant plus redoutables, qu'elles se personnifient dans cette société puissante, qui réunit maintenant dans son sein presque tous les représentants des illusions économiques et des passions révolutionnaires. Car, l'alliance est complète, je le démontrerai plus loin, entre les socialistes militants et les hommes qui représentent les principes de 93. Aussi, depuis les dernières années de l'Empire, et particulièrement depuis les événements de mai 1871, il ne s'agit plus pour les sectaires du socialisme radical, de modifications économiques amenées par des voies pacifiques; toutes les précautions oratoires sont même mises de côté; et pour les hommes qui appartiennent à ce parti, il est admis qu'il faut d'abord tout détruire, pour pouvoir tout réédifier sur de nouvelles bases.

Maintenant, je reprends l'historique de la question.

L'idée mère de l'Association internationale des travailleurs paraît appartenir aux ouvriers français, ou plutôt à leurs délégués; mais c'est surtout à la suite du meeting organisé à Londres en 1864, dans Saint-Martin-Hall, que furent posées les bases de la grande association destinée, selon ses fondateurs, à révolutionner le monde moderne au point de vue économique. C'est à la suite de ce meeting que les statuts de la célèbre Société ont été rédigés; et ce sont les membres de la Fédération parisienne qui se chargèrent de répandre en France, par milliers d'exemplaires, ce qui porte le nom de *Pacte fondamental de la Société internationale des travailleurs.*

Maintenant, si nous étudions un peu attentivement les préliminaires placés en tête de ce document, il ne nous sera pas difficile d'établir qu'ils renferment déjà une espèce de déclaration de guerre à la société, à l'ordre de choses établi.

« *Considérant*, disent ces préliminaires :

« *Que l'émancipation des travailleurs doit être l'œuvre des travailleurs eux-mêmes; que les efforts des travailleurs pour conquérir leur émancipation ne doivent pas tendre à constituer de nouveaux priviléges, mais à établir pour tous les mêmes droits et les mêmes devoirs;*

« *Que l'assujettissement du travailleur au capital est la source de toute servitude politique, morale et matérielle ;*

« *Que pour cette raison, l'émancipation économique des travailleurs est le grand but auquel doit être subordonné tout mouvement politique, etc........*

« ........ *Le congrès considère comme un devoir de réclamer non-seulement pour les membres de l'association les droits de l'homme et du citoyen, mais pour quiconque accomplit ses devoirs.* »

Avant tout, que veulent dire ces mots : « *Émancipation des tra-* « *vailleurs ?* » Ne sous-entendent-ils pas que le travailleur vit sous la dure étreinte d'une espèce de servage? D'autant plus qu'on ajoute : « *Que son assujettissement au capital est la source de* « *toute servitude politique.* »

Puis, que signifie ceci : « *Établir pour tous les mêmes droits* « *et les mêmes devoirs?* » Qui ne jouit pas, chez nous au moins, des mêmes droits? qui n'a pas les mêmes devoirs à remplir? Et ensuite, sans vouloir faire un procès de tendance aux fondateurs de la Société internationale des travailleurs, dont je ne prétends pas incriminer les intentions ; ne peut-on pas dire qu'ils laissent évidemment percer certaines visées, en venant proclamer que l'émancipation économique est le grand but auquel doit être subordonné tout mouvement politique?

Enfin, en définitive, par quels moyens prétendait-on émanciper les travailleurs, puisque émancipation il y a? Est-ce au moyen des sociétés coopératives, ou des sociétés en participation? Mais alors pourquoi ne pas indiquer simplement ces choses, dont l'organisation avait déjà été tentée de différents côtés?

S'agit-il, enfin, de nouveaux moyens d'acquérir le capital sans le prendre dans la bourse d'autrui? Indiquez-les, alors! Pour moi, je ne connais, pour arriver à conquérir la richesse, que trois choses, et ce sont celles qui ont été si honorablement mises en pratique par une foule de patrons : la *prévoyance*, ou plutôt l'*épargne*, qui forme, en général, le premier noyau des capitaux nécessaires à une exploitation; la *conduite*, qui en attire d'autres; et l'*intelligence*, qui les fait tous fructifier. Car si nous laissons pour un moment de côté les illusions socialistes, si nous voulons voir le côté réel des choses, il est facile de constater, grâce à une nouvelle enquête sur l'industrie du département de la Seine, faite par un maître en pareille matière, **M. Moréno-Henriquès**, que la majeure partie des patrons qui dirigent les grands établissements de la capitale et des communes environnantes, sont d'anciens ouvriers parvenus ; et quand ce ne sont pas ces anciens ouvriers, ce sont généralement leurs fils.

La voie est donc accessible à tous. Qu'est-ce qui empêche de la suivre ?

Dans tous les cas, n'est-il pas évident que les rédacteurs des préliminaires du pacte fondamental de la *Société internationale des travailleurs*, en réclamant pour tous les droits de l'homme et du citoyen, faisaient une profession de foi politique? Et cependant, les fondateurs de la célèbre Société sont les premiers membres de cette Fédération parisienne dont il va être question, et devaient sentir le danger de se laisser entraîner sur le terrain politique, en présence d'un pouvoir populaire et puissamment organisé ; mais, selon moi, ils subissaient déjà les nécessités de leur situation.

Quelques mots, maintenant, pour mieux faire comprendre ce qui va suivre, et au sujet de cette Fédération parisienne.

C'est 44, rue des Gravilliers, en pleine capitale ouvrière, comme on l'a écrit depuis, que se réunirent d'abord les quelques hommes qui ont fondé l'Internationale, et qui, à n'en pas douter, ont dû contribuer dans une large mesure, comme créateurs de l'œuvre, à la rédaction du pacte fondamental de cette redoutable Société. Ils sont donc, sans prétendre le moins du monde méconnaître les bonnes intentions de plusieurs d'entre eux, en partie responsables des doctrines développées dans ce pacte et de leurs conséquences obligées. Aussi avons-nous le droit de rechercher, au point de vue critique, quelles devaient être, au fond, les aspirations de ceux qui, en définitive, ont accepté et répandu ces doctrines.

Mais il y a mieux que le pacte fondamental, pour mettre en lumière les inévitables tendances des fondateurs de l'Internationale; nous avons le manifeste que les membres du bureau de la Fédération parisienne ont présenté au premier congrès de Genève, lequel a eu, comme on le sait, un grand retentissement.

Voici d'abord une partie du préambule de ce manifeste :

« *Jusqu'à présent, la démocratie se traînait à la remorque de ses patrons* (sic), *et on l'a vue naguère employer toute son énergie à opérer le triage de ses maîtres, et combattre follement pour le choix des tyrans.*

« *Dans la période actuelle, le travail s'affirme à l'égal des autres forces et veut conquérir sa place dans le monde moral et matériel par sa seule initiative.*

« *La démocratie a été jusqu'ici continuellement vaincue. De 89 à 1800, la bourgeoisie fit dans ses rangs, à coups de décret, de sabre ou de canon, de larges trouées, que les guerres de l'Empire n'ont pas comblées.*

« *Arrive 1830, nouvel échec. Sous la monarchie de Juillet, chaque levée de boucliers s'est terminée par une catastrophe. Le travail s'agite de nouveau à propos de la réforme parlementaire; Février le trouve debout, réclamant à grands cris son émancipation. Décidé à tous les sacrifices, il met au service de la République trois mois de misère; puis, à tort ou à raison, il croit s'apercevoir qu'on le chloroformise, qu'on l'enjôle; il veut autre chose que des discours; n'obtenant rien, il se lève et affirme cinq ou six fois sa souveraineté; enfin, de choc en choc, de chute en chute, massacré par la République bourgeoise comme il avait été décimé par les monarchies, il tombe, après cinquante ans de combat, dans la plus insigne des mystifications.... la philanthropie.* »

Je sais bien qu'après avoir écrit ces paroles haineuses et menaçantes, on ajoute : « *Le but de l'Association internationale des travailleurs, c'est d'amener par les voies scientifiques, — et pacifiquement, s'il est possible, — le prolétariat à l'émancipation.* » Mais il est vraiment permis de ne voir dans ce mot, *pacifiquement*, qu'une précaution oratoire.

Enfin, les auteurs du manifeste arrivent à nier la légitimité de l'intérêt et concluent à l'*obligation du travail pour tous*. Étaient-ils alors aussi loin qu'ils le prétendent du communisme?

De plus, en matière d'enseignement, ils adoptent les idées de P.-J. Proudhon, et ils citent tout au long un extrait de son livre intitulé : *Idée générale de la révolution*. Ainsi, non-seulement ils demandent la liberté de l'enseignement, mais aussi, pour tous, l'éducation scientifique et professionnelle. Ils prétendent même que, pour l'instruction, comme pour l'incendie, le chômage, la maladie et les autres risques, il faut instituer l'assurance mutuelle, qu'il ne faut pas confondre, disent-ils, avec la mendicité, la charité, le secours. L'assurance mutuelle, selon eux, est destinée à rendre accessible à tous l'éducation nécessaire.

Les opinions d'une minorité puissante, et qui devait l'emporter tôt ou tard par la force des choses, sont consignées aussi dans le mémoire en question.

Cette minorité veut que l'enseignement donné par la société soit obligatoire et complet; et au sujet de la constitution économique de cette société, elle veut la coopération, et non l'association; et voici comment elle s'exprime à ce sujet :

« *Jusqu'à ce jour, l'association, telle qu'elle a été comprise et pratiquée, a voulu dire : soumission de l'individu à la collectivité, aboutissant presque infailliblement à l'anéantissement de la liberté et de l'initiative individuelle; — coopération veut dire : contrat librement consenti dans un but unique, déterminé et défini d'avance. Dans l'association, l'intérêt général était le principe supérieur devant lequel s'inclinait l'individu; dans la coopération, c'est la collectivité qui s'organise en vue de fournir à l'individu tous les moyens d'augmenter sa liberté d'action, de développer son initiative individuelle.* »

L'association paraît donc, à la minorité, avoir pour but d'unir des personnes et non des choses; au contraire, la coopération indiquerait l'union des choses et non des personnes.

En matière d'impôt, cette minorité prétend que, jusqu'à présent, il a été progressif dans le sens de la misère; qu'il n'est pas proportionnel dans le sens de la richesse; et que le travailleur seul paye, puisque seul il produit.

Enfin, elle proteste contre la prestation et la conscription, justement appelées, selon elle, l'impôt du sang. Puis elle prétend aussi que l'impôt des portes et fenêtres, ainsi que les impôts qui frappent la consommation, sont autant de mesures contre la santé et la vie des citoyens, etc., etc.

La minorité ne veut plus d'armée permanente; elle affirme que la discipline est la négation de la liberté et de la moralité du soldat. Elle cite Benjamin Constant, qui aurait dit : « *L'ordre public signifie liberté, droit, patrie; il ne saurait être mieux défendu que par le peuple armé.* » — « *Si nous voulons être libres*, aurait-il ajouté encore, *il faut que nous soyons nous-mêmes notre police et notre armée.* »

N'est-il pas douteux que Benjamin Constant osât prononcer aujourd'hui de telles paroles?

En matière d'échange, cette minorité de la Fédération parisienne veut la liberté d'organiser l'échange égal entre producteurs : service pour service, travail pour travail, crédit pour crédit. Elle croit pouvoir organiser la paix dans l'industrie par la suppression graduelle des chances aléatoires du commerce, par la coopération, qui, basée sur la réciprocité et la justice, ne peut admettre entre les contractants qu'un échange mutuel de services équivalents.

La majorité des délégués français au Congrès de Genève n'avait pas osé se prononcer sur la question religieuse; la minorité le fait, mais timidement, car le moment n'était pas encore venu d'affirmer des principes antireligieux; on craignait alors de diviser les esprits. Ainsi, il est dit, dans ce mémoire : « *La religion est une des manifestations de la conscience humaine, respectable comme toutes les autres, tant qu'elle reste chose intérieure, individuelle, intime; nous considérons les idées religieuses et toutes les idées,* à priori, *comme ne pouvant être l'objet d'une discussion utile; chacun pensera, sur ce point, ce qu'il jugera convenable, à la condition de ne pas faire intervenir son* Dieu *dans les rapports sociaux.* »

Enfin, la majorité même de la délégation parisienne à ce fameux congrès, paraissait descendre déjà la pente fatale qui mène au radicalisme économique, car elle concluait à l'immoralité de l'intérêt de l'argent et à l'obligation du travail pour tous. Quant à la minorité, dont je ne vous ai pas cité *in extenso*, et à beaucoup près, toutes les théories, mais qui veut que la société prenne l'éducation de l'enfant à sa charge, et que cette éducation soit littéraire, scientifique, professionnelle, et la même pour tous; quant à cette minorité, qui prétendait même que les choses sont arrangées de telle façon chez nous, que les bénéfices résultant du travail de nos ouvriers peuvent aller, en grande partie, *grossir l'avoir des capitalistes de l'Angleterre* (sic), elle était déjà hors des voies du possible, et devait tout naturellement se rallier, à bref délai, aux opinions collectivistes et autoritaires.

Du reste, cette alliance d'une partie de la Fédération parisienne avec le parti socialiste révolutionnaire devait se faire fatalement; on était, pour ainsi dire, presque d'accord sur les principes; on devait l'être bientôt sur les moyens de les faire triompher. Le jour, en effet, où l'on déclare que, le prolétariat s'étant déjà levé pour son affranchissement, — et il s'agit ici de l'insurrection de juin 1848, — a été massacré par la République bourgeoise; le jour où l'on réclame le licenciement des armées permanentes, l'organisation des milices nationales, on est bien près de s'entendre avec lui.

Cependant, ce ne fut en réalité qu'au congrès de Lausanne, en 1867, que cette alliance s'est faite définitivement, et que l'*Internationale* a laissé entrevoir toutes ses visées militantes, autoritaires et communistes. De ce jour, les pacifiques, les idéalistes de bonne foi ont été débordés, et, en définitive, annulés. Qui veut la fin veut les moyens, ont dû leur dire carrément leurs adversaires.

Aussi, au congrès de Lausanne, on aborde franchement la question politique, regardée avec raison par les vrais logiciens du parti, comme le seul moyen d'arriver à la question sociale. Là, il fut tout naturellement décidé qu'on revendiquerait le droit de réunion, la liberté illimitée de la presse; là aussi, le communisme brutal, sans phrases, entre en lutte avec les idées communistes mitigées. On demande ouvertement l'entrée du sol dans la propriété collective; l'abolition de l'héritage à partir de certains degrés de parenté, etc. Quelques délégués français et italiens soutiennent encore, il est vrai, dans des conditions restreintes, la propriété individuelle; mais ils sont en minorité. Cependant, en fait, ils admettaient déjà le droit de préemption de la collectivité dans l'hypothèse d'une non-occupation des instruments de travail : terres, mines, etc., et demandaient simplement que l'individu faisant valoir personnellement ses outils, en demeurât propriétaire.

C'est à ce congrès de Lausanne que se produisit une doctrine assez curieuse, et qui prouve jusqu'où allaient les tendances égalitaires de la réunion. Ainsi, voici une des résolutions adoptées :

« *Le congrès pense que les efforts tentés aujourd'hui par les associations ouvrières, s'ils se généralisent dans la forme actuelle, tendraient à constituer une quatrième classe, ayant au-dessous d'elle une cinquième classe, plus misérable encore.*

« *Que, pour obvier à ce danger, il est nécessaire que le prolétariat comprenne, que la transformation sociale ne pourra définitivement s'opérer que par des moyens agissant sur l'ensemble de la société.* »

C'est encore à ce congrès qu'il fut déclaré que, dans l'état actuel des choses, l'industrie n'est que l'état de guerre entre le travailleur et le capitaliste, et que tout enseignement religieux devait être écarté du système adopté. On y décida également que tous les efforts devaient tendre à rendre l'État propriétaire des moyens de transport et de circulation; que les coupables ne devaient être jugés que par des citoyens nommés par le suffrage universel.

« *Il faut*, disait-on, *que les citoyens juges connaissent à fond le coupable et quelles sont les causes qui ont amené l'homme au crime, le crime au bagne et le bagne à l'avilissement, qui est pire que la mort. La société est le plus souvent le grand coupable*, ajoutait-on, *car le manque d'instruction mène à la misère, la misère à l'abrutissement, et l'abrutissement au mal.* »

Il n'est pas difficile de lire entre les lignes de ces déclamations plus que singulières; on excuse volontiers le crime, quand on ne craint pas, dans un moment donné, de se servir de l'armée du mal. Quoi de plus simple, alors, que de dire aux criminels : *Ce sont nos erreurs sociales qui vous ont amenés où vous êtes, infortunés ! et vous avez le droit de revendication contre une société aveugle et impitoyable.*

En effet, toutes ces choses ne paraissent-elles pas formulées pour donner aux déclassés, aux criminels le droit de prétendre que la société est seule coupable ?

La société moderne coupable ! Comment soutenir une telle aberration, quand on connaît mieux que personne tous les efforts publics et individuels qui se font pour moraliser l'individu, pour l'encourager à rester dans la bonne voie ? Et si, malgré tous ces efforts, dans les classes même les plus fortunées, au milieu des meilleurs exemples, les mauvais instincts de l'homme prennent le dessus, s'il résiste, en un mot, à toutes les tentatives faites pour l'amener au bien, pourquoi accuser la société ?

Tout cela paraît donc n'être dit que pour les besoins de la cause : quand on veut condamner, il faut bien qu'on accuse !

Dans tous les cas, on ne peut nier qu'au congrès de Lausanne, la Société internationale des travailleurs ne soit entrée résolûment dans le domaine de la politique, car le congrès déclare : « *que la privation des libertés publiques est un obstacle à l'instruction sociale du peuple et à l'émancipation du prolétariat ; et que l'établissement des libertés publiques est une mesure première d'une absolue nécessité.* »

Ensuite, voyez dans quels termes l'Assemblée adhère à la Ligue de la Paix, dont le premier congrès va s'ouvrir à Genève : « *Elle adhérera*, dit-elle, *à l'avance à tout ce que la Ligue pourra entreprendre pour réaliser l'abolition des armées permanentes, dans le but d'arriver plus promptement à l'émancipation de la classe ouvrière, à son affranchissement du pouvoir et de l'influence du capital, ainsi qu'à la formation d'une constitution d'États libres dans toute l'Europe.* »

Puis, le congrès déclare : « *qu'il ne suffit pas de licencier les armées, mais qu'il faut aussi modifier l'organisation sociale dans le sens d'une répartition plus équitable de la production.* »

Une répartition plus équitable de la production ? on sait ce que cela veut dire ; et on ne pouvait déjà plus reprocher au socialisme militant, autoritaire, de masquer ses visées.

Je dois dire qu'à propos du congrès de Lausanne, **M. Fribourg**, un des fondateurs de l'Internationale, de celle de la première heure, et à la bonne foi duquel je me plairai toujours à rendre hommage, se demande, dans son ouvrage intéressant à plus d'un titre, comment l'Internationale a pu se laisser entraîner dans l'arène politique, et il répond ceci : « *C'est qu'en présence des attaques incessantes dont ils étaient l'objet, les délégués français, c'est-à-dire les véritables créateurs de l'œuvre, ont cru devoir donner des gages au parti républicain.* » Puis, il ajoute : « *Ce fut une première faute ; elle devait être féconde.* »

Mais n'avons-nous pas le droit de dire que la première faute, ç'a été d'affirmer, par tous les moyens possibles, que notre organisation sociale est inique ; qu'elle maintient le plus grand nombre dans un état de servage abrutissant ; que cet ordre de choses n'existe que parce qu'il y a des castes privilégiées en possession de la force publique? La première faute, n'a-t-elle pas été de chercher à grouper les masses dites laborieuses, pour nous servir des expressions employées, en vue de modifier profondément, et au besoin par la puissance du nombre, l'ordre de choses établi? Et puis, enfin, n'était-on pas à peu près d'accord avec ceux qui ne veulent plus d'armées permanentes, de discipline abrutissante, de hiérarchie, de religion ?

Non, je ne cesserai de le répéter, les socialistes révolutionnaires sont les vrais logiciens; et on ne peut trouver extraordinaire qu'ils aient voulu se servir, au profit de leurs idées, de la puissante machine de guerre créée, je le veux bien encore, dans les meilleures intentions du monde, par les fondateurs de l'Internationale. N'est-on pas autorisé même à ajouter, que ceux qui ont le mieux compris les nécessités de l'idée socialiste, au point de vue révolutionnaire, sont les hommes qui ont fini par dire, à haute et intelligible voix : « *Sans matérialisme, il n'y a pas d'évolution sociale possible.* »

Arrivons, maintenant, au congrès de Bruxelles (1868).

Ici, c'est encore plus flagrant ; l'Internationale devient une association politique, composée en majorité d'éléments qui devaient la conduire bien vite à s'avouer autoritaire, et à tout légitimer pour assurer le triomphe de ses doctrines. Aussi, la Fédération parisienne elle-même se crut-elle obligée de prendre part à la manifestation du 2 novembre de la même année, au tombeau de Manin ; et à la manifestation du 4 du même mois, contre la réoccupation de Rome par les troupes françaises.

Et, dès ce moment, on peut dire que la branche française de l'Internationale devint, malgré les efforts en sens contraire de quelques-uns de ses principaux membres, un foyer de conspiration politique; aussi fut-elle dissoute, et franchement, elle n'avait pas le droit de se plaindre. Ce qu'il y a de certain, et ceci soit dit en passant, sans vouloir nuire à des accusés ou à des condamnés, c'est que la justice impériale ne poursuivait pas, comme on l'a prétendu d'un certain côté, des complots imaginaires; car presque tous les hommes qui ont été mis en cause, ont figuré plus tard, — les preuves judiciaires existent, — dans des soulèvements politico-socialistes qui ont suivi la révolution du 4 septembre. Nous voulons parler ici de ce qui s'est passé à Lyon, à Marseille, à Toulouse et ailleurs.

Du reste, à présent, les faits parlent d'eux-mêmes. La première Fédération parisienne dissoute, il s'en constitua une seconde, dont le siége fut toujours 44, rue des Gravilliers ; et cette seconde, on ne peut le nier, était composée en grande partie de républicains radicaux et de communistes. Et à ce sujet, nous ne pouvons pas mieux faire que de laisser encore parler M. Fribourg. Ainsi, il dit quelque part : « *Dans la première Fédération, nous étions républicains individuellement, et socialistes collectivement; mais plus tard, on s'est cru obligé de donner des gages au parti jacobin.* » Et il ajoute ceci : « *Nous vîmes alors notre œuvre nous glisser des mains; le communisme autoritaire prit la direction du mouvement; et le flot monta, moutonnant et terrible, à l'horizon social.* »

Désormais, nous allons donc avoir affaire à l'Internationale communiste autoritaire, violente, athée, ayant sa tête à Londres et ses bras partout; à cette Internationale, et ce n'est pas difficile à prouver, qui participa au mouvement communaliste de Paris, de Lyon, de Marseille, de Toulouse, etc., etc. ; enfin, à cette Internationale qui, croyant le moment venu de prendre la société d'assaut, et profitant de nos défaillances politiques et de nos désastres militaires, laissera entrevoir toutes ses brutales aspirations.

Et à ce propos, je sais bien que les premiers fondateurs de la Société internationale des travailleurs peuvent dire, comme M. Fribourg : notre œuvre était morte; nous ne sommes pour rien dans celle qui l'a suivie. Moi, au contraire, je crois avoir le droit de leur répondre : la graine avait produit la plante, et la plante portait ses fruits.

Quoi qu'il en soit, au second congrès de Bruxelles (1868), les communistes plus ou moins autoritaires étaient déjà en immense majorité. Aussi, il n'est plus question de liberté économique, de propriété; toutes ces choses, pour parler comme les journaux socialistes, *ne sont plus que vieilles rengaînes.* — Ce barbarisme leur appartient. — Et, juste retour des choses d'ici-bas, le fondateur le plus en vue de la célèbre Société se voit refuser la parole : le père de l'idée est méconnu par sa fille ! Les socialistes autoritaires, ceux que nous devions voir figurer si malheureusement dans nos troubles civils, ont pu jouir alors de leur triomphe. Mais, nous ne cesserons de le dire : l'Internationale n'était pas alors, comme on le prétend, rejetée hors de sa voie ; elle la suivait fatalement.

Aussi, désormais, rien ne masquera plus la pensée des radicaux en socialisme ; on va droit au but. A ce congrès, il est décidé que les houillères, les mines, les chemins de fer, doivent appartenir à la collectivité, représentée par l'État. On décide encore que le sol devant retourner à la propriété collective, doit être concédé à des compagnies ouvrières agricoles. Enfin, les membres du congrès de Bruxelles (1868) se croient tellement sûrs de représenter seuls toutes les aspirations du prolétariat, qu'invités par les représentants de la *Ligue de la paix et de la liberté* à venir prendre part aux travaux du congrès de Berne, qui allait avoir lieu sous cette dénomination ; ils répondent avec sans gêne : *que ce congrès n'a pas sa raison d'être en présence de l'Internationale ;* et ils invitent simplement *la Ligue de la paix et de la liberté à se dissoudre,* et ses membres à se faire recevoir dans l'une et dans l'autre section de la *Société internationale des travailleurs.*

Enfin, s'ouvre malgré tout ce congrès de Berne (Paix et Liberté), dont les résolutions ne devaient être empreintes que d'inspirations pacifiques. Mais on avait compté sans ceux qui affirment que notre état social ne représente qu'une barbarie raffinée ; et qui veulent d'abord tout détruire, pour tout reconstituer à leur guise. C'est à ce congrès que le chef de la secte des nihilistes, le Barbare russe, comme il se qualifie lui-même, et dont les sectaires sont groupés sous la qualification d'*Alliance de la démocratie socialiste, branche de l'Internationale,* s'est écrié : « *Plus de civilisation fondée sur l'asservissement.... Je suis collectiviste, et non pas communiste.* »

Quelques-uns d'entre vous, Messieurs, sont, sans doute, tentés de placer ici un point d'interrogation ; ce sont ceux qui ne savent pas qu'on peut être communiste sans être collectiviste. Je vais donc au-devant de la question : le collectivisme, c'est, on peut dire, du communisme concentré ; les collectivistes diffèrent des communistes en ce sens que, pour eux, l'État est tout et doit tout posséder. Dans une communauté, l'individu peut encore être quelque chose; mais dans une collectivité, il n'est plus rien ; il fait simplement partie d'un tout.

Il y a, du reste, soit dit en passant, entre les différentes sectes socialistes, des nuances assez difficiles à saisir, à première vue au moins.

Nous sommes donc au congrès de Berne (Paix et Liberté), à ce congrès où devaient éclater les manifestations les plus violentes du radicalisme économique et révolutionnaire ; aussi, écoutez un des principaux orateurs :

« *Il ne s'agit pas de radicalisme et de République ; voyez la Suisse*, dit-il, *est-ce qu'on n'y voit pas la misère et le rachitisme ?.... Il faut une base philosophique pour fonder quelque chose, et si vous voulez faire la révolution sociale, il faut être athée, sans quoi, vous croulerez. Lorsqu'en 89, Robespierre et les autres chefs de la révolution ont dit qu'une religion était nécessaire au peuple, ce n'était qu'une transaction ; et 1848 religieux était ridicule.*

« *Si vous n'êtes pas athées, vous devez être logiquement despotes, etc., etc....* Plutôt que de conserver cette ancienne organisation sociale, ajoute-t-il, *je serais peut-être amené à demander l'invasion des Barbares.* »

Ensuite, ce même orateur s'adressant aux internationaux de la première heure et aux membres de la Ligue de la paix, leur dit :
« *Vous avez voulu la guerre et vous l'aurez ; ce sera la dernière, et elle sera terrible. Elle se dressera contre tout ce qui existe, contre cette bourgeoisie qui n'a rien dans la tête et dans le cœur, et qui ne tient plus debout.* »

Voici maintenant sa conclusion :

« *Il faut en finir avec tous ; ce n'est que sur des ruines fumantes que peut s'asseoir la République définitive, et ces ruines doivent être couvertes du sang des bourgeois, qui n'en ont plus depuis longtemps dans les veines ; mais c'est sur leurs détritus accumulés que nous planterons le drapeau de la révolution sociale.* »

Et c'est à ce congrès de Berne, qui s'était réuni sous cette invocation : *Paix et Liberté*, que ces paroles et beaucoup d'autres du même genre furent prononcées. Ainsi, quoique la bourgeoisie y fût, comme on l'a prétendu, très-bien représentée, c'était à elle néanmoins, que s'adressait cette sauvage déclaration de guerre. Mais, il faut le dire cependant, au congrès de Berne, les collectivistes autoritaires ne pouvaient pas être en majorité ; aussi, c'est à la suite de ces discussions violentes que le groupe dissident fonda l'*Alliance de la démocratie socialiste*, dont il vient d'être question. Voici, du reste, une partie de son programme :

« 1° *L'Alliance se déclare athée; elle veut l'abolition des cultes, la substitution de la science à la foi, et de la justice humaine à la justice divine;*

« 2° *Elle veut, avant tout, l'égalisation* (sic) *politique, économique et sociale des classes, l'abolition du droit d'héritage, et la terre et tous les instruments de travail doivent devenir la propriété collective de la société ;*

« 3° *Elle veut pour tous les enfants des deux sexes, dès leur naissance à la vie* (sic), *l'égalité des moyens de développement, pour arriver à une plus grande égalité naturelle;*

« 4° *Elle repousse toute politique qui n'aurait pas pour but immédiat et direct le triomphe de la cause des travailleurs sur le capital.* »

Enfin, comme nous l'avons dit, l'Alliance de la démocratie socialiste se constitue comme branche de l'Association internationale des travailleurs, et, comme l'a proclamé M. Fribourg : *c'est cette Internationale-là, plutôt que son aînée, que le monde allait avoir à combattre.* Les faits qui vont suivre le prouvent, du reste. Ainsi, ce qui n'avait pas été obtenu au congrès de Berne par les radicaux en socialisme, va l'être au congrès de Bâle, de beaucoup le plus nombreux, et où toutes les fédérations existantes en Europe étaient plus ou moins représentées. Aussi, c'est à ce congrès qu'il fut déclaré, à une grande majorité, que la société avait le droit de faire entrer le sol et les instruments de travail dans la propriété collective.

On le voit, à ce fameux congrès de Bâle, les violents, les communistes des différentes sectes, les autoritaires, furent définitivement en majorité ; le Barbare russe a donc pu être applaudi, quand il a dit : « *Je vote pour la collectivité du sol en particulier, et, en général, de toute la richesse sociale dans le sens de la liquidation sociale !* » Et malgré toutes les résistances qu'opposèrent les mutuellistes, les libéralistes, etc., le congrès se déclara communiste-collectiviste, pour mieux préciser.

Dès ce jour, l'Internationale, militante, autoritaire, était donc maîtresse du terrain, et les plus fatales conséquences devaient s'ensuivre.

Ce fut à cette époque, du reste, que les grèves prirent une grande extension, et que plusieurs conflits sanglants eurent lieu entre les ouvriers grévistes et les défenseurs de la loi. Et il faut voir avec quelle fureur aveugle les journaux de l'Internationale, car il y en avait alors une trentaine en Europe, parlent de ces répressions malheureusement nécessaires. Ainsi, ils ont osé dire que c'étaient les bourgeois qui tendaient des piéges aux ouvriers ; qui guidaient les soldats dans leur office de bourreaux, etc., etc. Tout ce qui s'est écrit à ce sujet est vraiment déplorable, attriste l'âme, et on se prend à laisser pénétrer dans son cœur des sentiments haineux. L'affreuse guerre sociale apparaît alors comme une chose inévitable.

Mais poursuivons.

Au moment où nous sommes arrivés, l'alliance des différentes sectes appartenant au radicalisme socialiste était faite, on peut l'affirmer, avec le parti qu'en politique on désigne sous le nom de révolutionnaire ; et c'était inévitable. En effet, les politiques, les violents, ont pu dire aux autres : Vous n'arriverez jamais à la réalisation de vos aspirations par les voies pacifiques, cela n'est pas discutable ; laissez donc, au moyen de la révolution politique, faire table rase de tous les pouvoirs existants ; et, une fois que nous aurons licencié les armées permanentes, sous le prétexte qu'elles enlèvent les meilleurs bras à l'industrie et à l'agriculture, qu'elles sont la cause des guerres entre les peuples, etc.; une fois que nous aurons armé en masse les populations pour la défense de leurs droits politiques ; que nous aurons proclamé la liberté illimitée de la presse, du droit de réunion, la révolution sociale sera faite. Quant à la bourgeoisie, elle courbera la tête sous le nombre, et s'il faut employer la force pour en finir avec elle, nous l'emploierons.

Et à ce sujet, n'oublions pas, Messieurs, les dangers que nous venons de courir. Il n'y a pas encore longtemps que la capitale du monde civilisé, comme on désignait Paris du temps de sa splendeur, courbait la tête sous le joug abrutissant d'une démagogie armée et fanatisée de longue main par les prédications socialistes. Mais, heureusement, la situation des véritables chefs du mouvement communaliste était tellement grave, que ce n'est qu'au dernier moment, qu'ils ont osé agir dans un sens franchement révolutionnaire. Néanmoins, ce qu'il y a de certain, c'est qu'en dehors du parti désigné sous la qualification caractéristique de Jacobin, il y avait, tant dans la Commune que dans le Comité central, qui a toujours été, plus ou moins, le véritable instigateur du mouvement, beaucoup de membres appartenant ou ayant appartenu à la Société internationale des travailleurs. Il n'est pas douteux non plus que beaucoup de ceux qu'on pouvait désigner sous le nom de révolutionnaires étaient plus ou moins ralliés à ses principes. Du reste, le premier chef militaire de l'insurrection appartenait à l'Internationale; c'est tout dire.

Une seule citation, car je crains de les multiplier, suffira pour faire comprendre le caractère réel de cette formidable révolte contre l'ordre social établi. La pièce où est prise cette citation, émane d'un de ces comités de vigilance, qui s'étaient constitués partout à Paris, et qui étaient dirigés, cela est acquis au procès, par les principaux chefs du parti socialiste autoritaire.

**Extrait de la Déclaration des citoyens composant les comités de vigilance et de solidarité de la légion d'artillerie de la Seine.** (Numéro du *Vengeur* du 8 février 1871.)

« *Nos représentants prendront l'engagement, aussitôt investis, d'affirmer la souveraineté inaliénable du peuple, et, par tous les moyens, de faire disparaître tous les pouvoirs qui lui sont hostiles.*

« *Réunis en assemblée, loin de sanctionner de leurs votes les capitulations et les conséquences qui en découlent, ils décréteront* que la lutte contre l'ennemi intérieur et étranger sera organisée et conduite avec la plus rare énergie ; — elle sera non-seulement collective, mais même individuelle ; — elle sera incessante, sans repos ni solution de continuité. — A cet effet, sans se préoccuper du sort des cités et territoires livrés ou tombés au pouvoir de l'ennemi, ne s'inspirant que du salut public, ils proclameront et appliqueront la loi supérieure à tout, d'absolue nécessité.

« Ils auront le devoir de se constituer en convention exécutive, choisissant pour siège les places les plus propices à leur action ; et il sera fait des recherches des causes les plus directes de nos désastres, des artisans de tous nos malheurs, des traîtres, des concussionnaires et dilapidateurs des deniers publics, des ennemis avérés du peuple et des suppôts du despotisme autocratique ou constitutionnel, pour que* justice *en soit faite.*

« *Nos représentants auront enfin pour mission expresse de préparer et procéder même à la* liquidation sociale, *selon la formule : Chacun pour tous, tous pour chacun.* »

Ont signé les membres du bureau : quatre chefs d'escadron, un brigadier et un soldat.

Le 18 mars et toutes ses conséquences, n'est-il pas renfermé dans les quelques lignes qu'on vient de lire ? La révolte contre tout ordre établi, l'alliance du parti révolutionnaire et socialiste peut-elle être mieux caractérisée, surtout quand on sait que ces comités de vigilance et de solidarité existaient dans toutes les légions de la garde nationale parisienne, et que les masses armées obéissaient au mot d'ordre d'un Comité central, qui était, en réalité, comme nous venons de le dire, l'instigateur du mouvement communaliste de Paris ?

Du reste, un des membres les plus actifs de la Société internationale des travailleurs, et qui a figuré dans les mouvements insurrectionnels de Lyon et de Paris, dit, dans son ouvrage intitulé la troisième défaite du prolétariat : « *Dès le lendemain de la révolution du 4 septembre, les personnalités* (sic) *du parti jacobin et les délégués de l'Internationale se mirent en rapport, et se réunirent au siège du Conseil fédéral de la Société, place de la Corderie du Temple, sous le titre de Comité central républicain des vingt arrondissements de Paris. Ce comité s'attacha à organiser dans chaque arrondissement un comité de vigilance ayant pour mission de stimuler les municipalités.* »

Ce sont des extraits de la déclaration d'un de ces comités dont nous venons de donner lecture.

Voici, à présent, une autre citation qui prouve avec quelle fureur et quelle audace le parti socialiste et révolutionnaire surexcitait les passions populaires. C'est un article appartenant au numéro du 23 avril 1871 de la *Révolution politique et sociale*, organe des sections internationales de la gare d'Ivry et de Bercy réunies :

« *La Commune de Paris est aujourd'hui le seul phare lumineux qui indique aux prolétaires leur voie.*

« *Votre œuvre est sacrée, entendez-vous, représentants des opprimés, des déshérités, en un mot, de tout ce qui souffre à Paris depuis qu'il existe.*

« *Vous devez nous sauver ! En dehors de vous, nous n'avons plus d'espérance.*

« *En avant donc ! le cœur haut ! la main ferme ! En avant ! Broyez l'ennemi, marchez sur tout ce qui barre la route du peuple. Ne tournez pas la tête avant d'être au but. Sang, hurlements, faiblesse, que tout cela n'existe pas pour vous. Le peuple ne vous demande pas de comptes ; tout ce qui n'est pas pour nous n'existe pas au monde.*

« *Marchez sur votre chemin avec une conviction froide, implacable ; détruisez le passé, hommes et choses ; tous les moyens sont bons. Agissez donc, on bavardera après.*

« *Votre droit, votre vertu, c'est votre but, et votre devoir le succès !*

« *Il s'agit de vivre ou de mourir ; on veut tuer le peuple, et le peuple veut vivre.*

« *Nous n'en sommes plus à méditer les philosophes et les savants ; tous ces gens-là sont bêtes et radotent quand le canon parle.*

« *Tous les Français sont couverts du sang des Français ; aujourd'hui, les assassins sont ceux qui refusent le combat.*

« *Les plus humains sont ceux qui tuent le plus d'ennemis.*

« *Ce n'est plus la guerre stupide contre un étranger qu'on ne connaît ni d'Ève ni d'Adam : c'est le passé qui veut tuer l'avenir; on veut assassiner les pauvres, les pauvres veulent vivre.*

« *Écoutez, représentants de Paris, voici le verdict du peuple :*
« *La seule force de la réaction, dans tous les temps, ce fut la garantie de l'impunité; quand elle nous tient, elle nous assassine; quelques-uns en public et le reste en secret, et c'est la masse; le lendemain, elle dit que ce n'est pas vrai, et sa police arrangeant la chose, les victimes deviennent des meurtriers : le monde entier le croit.*

« *Que la colère accomplisse son œuvre; elle seule a conquis dans le passé, elle seule a fondé quelque chose depuis le commencement des sociétés.*

« *Dresse-toi fière et vengeresse, Commune de Paris! Tu présides à la guerre sainte! Tu sauveras l'humanité!* »

Une pareille pièce peut se passer de commentaires !

Maintenant, Messieurs, n'allez pas croire surtout que, depuis l'événement qu'un membre de la Commune et de l'Internationale appelle la troisième défaite du prolétariat, la célèbre Société ait désarmé, en quelque sorte; ce serait une erreur dangereuse. Jamais le langage de ses représentants et de ses journaux n'a été plus violent, plus agressif. Et pour le prouver, nous vous demanderons la permission de vous citer encore, à ce sujet, des extraits d'un document fort étendu et qui, quoi qu'on en ait dit, émane directement du *Conseil général de la Société Internationale des travailleurs*. Voici quelques-uns de ces extraits que nous empruntons à l'excellent ouvrage de M. Villetard, où ce document figure *in extenso*. Il a été publié, du reste, au siége même de l'Internationale, 256, *High-Holborn*.

Voici d'abord un passage qui indique clairement le rôle du *Comité central* dans l'insurrection du 18 mars :

« *Dès le jour de la capitulation par laquelle les prisonniers de Bismark avaient signé la reddition (sic) de la France, en se réservant à eux-mêmes une garde du corps nombreuse destinée à dompter Paris, Paris se tenait sur ses gardes. La garde nationale se réorganisait, et donnait le contrôle suprême à un comité central élu par le corps tout entier. La veille de l'entrée des Prussiens dans Paris, le Comité central fit transporter à Montmartre,*

*Belleville et la Villette, les canons et les mitrailleuses traîtreusement abandonnés par les capitulards, dans les quartiers mêmes que les Prussiens devaient occuper, etc.* » On sait ce qu'il en est, de cette stupide accusation.

Voici ensuite ce qu'il y est dit, au sujet de la Commune :

« *C'est, par-dessus tout, le gouvernement de la classe ouvrière; le résultat de la lutte entre les classes qui produisent et celles qui s'approprient le produit des autres ; la forme politique enfin trouvée sous laquelle il était possible de réaliser l'émancipation du travail.*»

Et ces auteurs du manifeste en question s'écrient :

« *Oui, Messieurs* (sic), *la Commune se proposait d'abolir cette propriété de classe qui forme, avec le travail du plus grand nombre, la propriété du petit nombre; elle visait à exproprier* — le mot est bon à enregistrer — *les expropriateurs.* »

Aussi on ajoute : « *La Commune était le vrai représentant de tous les éléments sains de la société française, et, par conséquent, le gouvernement vraiment national. Elle était en même temps, comme gouvernement des travailleurs, comme champion de l'émancipation du travail, énergiquement internationale. Ainsi, la Commune de Paris a admis tous les étrangers à l'honneur de mourir pour elle.* »

Puis on arrive à formuler cette monstruosité impudente : « *Le Paris des travailleurs, en s'offrant en holocauste, a enveloppé dans les flammes de son bûcher les édifices et les monuments. D'ailleurs, la Commune avait longtemps à l'avance annoncé publiquement que, si elle était poussée à bout, elle s'ensevelirait sous les murs de Paris, dont elle ferait un second Moscou, etc.* »

Enfin, voici pour terminer, une déclaration de guerre en règle à la société :

« *Après la Pentecôte de 1871, il ne peut plus y avoir ni paix ni trêve entre les travailleurs de France et ceux qui s'approprient leurs produits....... La lutte se renouvellera toujours sur une échelle de plus en plus grande, et il ne peut y avoir de doute sur le point de savoir à qui doit rester la victoire définitive; aux exploiteurs peu nombreux ou aux producteurs qui forment l'immense majorité.* » Puis, pour qu'aucun n'en ignore, on ajoute :

« *Partout où, n'importe sous quelle forme et dans quelles conditions, la lutte des classes prend quelque consistance, il est tout naturel que les membres de notre association prennent les devants.* »

Peut-il, maintenant, rester aucun doute sur le rôle qu'a joué et que jouera toujours la Société internationale des travailleurs dans toutes nos crises économiques et politiques? Les preuves, du reste, de cette intervention constante abondent dans les excellentes Études que M. Oscar Testut a publiées sur les agissements de cette redoutable Société. Aussi est-il bien acquis au procès, qu'aujourd'hui plus que jamais, toutes les fois que vous verrez surgir dans une contrée de la vieille Europe une crise politique sérieuse, des grèves plus ou moins étendues, se former de vastes associations ouvrières, quel que soit leur but apparent, vous pouvez être sûr que la main de l'Internationale est là.

A présent, pour bien faire comprendre avec quelle fureur les partisans du mouvement révolutionnaire et communaliste de Paris ont accueilli sa répression, empruntons quelques extraits des journaux socialistes qui paraissent en Belgique et en Suisse au curieux ouvrage de M. Oscar Testut, intitulé l'*Internationale et le Jacobinisme au ban de l'Europe*. Ceci a été tout naturellement écrit après la chute de la Commune.

« *O révolution! nous ne nous sommes pas assez souvenus que tu veux que l'on t'embrasse avec des bras rouges de sang...... Nous avons été doux pour ces gueux effarouchés. Pardonne, nous ne le ferons plus! Désormais entre ces drôles et nous, la guerre est éternelle; plus de fer rouge, plus de bagne, plus de mépris...... la mort! ô triomphateurs d'abattoirs...... Infâmes!....*

« *Apprenez que nous n'avons plus au cœur que l'idée d'une vengeance* — ceci s'adresse aux bourgeois — *et nous la voulons terrible, exemplaire.*

« *Un jour viendra, vous le savez, où nous serons de nouveau maîtres de la place.... Il n'y aura plus de grâce, plus de merci, pour les tueurs de juin 1848 et de mai 1871.*

« *Nous faucherons vos têtes, seraient-elles couvertes de cheveux blancs, et cela avec le plus grand calme. Vos femmes, vos filles, nous n'aurons plus pour elles ni respect, ni pitié; nous n'aurons que la mort! La mort jusqu'à ce que votre race maudite ait disparu à tout jamais.*

« A bientôt, messieurs les Bourgeois!

Du reste, M. Fribourg, qui certes, mieux que personne, doit savoir à quoi s'en tenir sur les agissements de l'Internationale actuelle, a pris soin de nous avertir du danger que nous courons dans la conclusion de son ouvrage, si plein d'enseignements, et voici ce qu'il dit :

« *Mais que la bourgeoisie y réfléchisse bien, la publication de ce travail est un avertissement sérieux qui lui est donné par un républicain socialiste convaincu. Si elle persiste dans ses vieux errements, si elle recourt encore au régime de compression pour s'assurer l'avenir, sa fortune et sa vie sont en danger ; l'Internationale actuelle, autoritaire, communiste simpliste, par cela même populaire, rendue plus forte par une persécution aveugle, la brisera comme verre, non-seulement en France, mais encore dans l'Europe entière.*

« *Au contraire, si par une organisation franchement républicaine, la bourgeoisie contribue à doter la France d'institutions basées sur l'alliance de l'ordre et de la liberté; par le travail et l'étude, le prolétariat mieux instruit, devenu plus conscient de ses devoirs que jaloux de ses droits, gravira paisiblement et sans secousse le chemin qui doit le conduire à sa véritable émancipation. La bourgeoisie disparaîtra, mais par l'élévation successive de la classe ouvrière, et non par l'abaissement des classes moyennes. Et qui donc, dans ce cas, regretterait un pareil résultat?*

« *La Franc-Maçonnerie, le Carbonarisme, la Marianne, l'Internationale, sont filles de l'esclavage. Toutes ont pris naissance à des époques et chez des peuples opprimés.*

« *Assurez la liberté d'association, et, en supprimant la cause, vous supprimez l'effet.* »

Je vois, Messieurs et Mesdames, que j'ai déjà absorbé la plus grande partie de cette séance; et néanmoins, avant de conclure, il me resterait une chose à faire. M'en accorderez-vous le temps? Ne serait-ce pas trop abuser de votre bienveillante patience?

Je voudrais cependant bien profiter de l'occasion pour vous

donner un aperçu de ces fameuses doctrines communistes, dans ce qu'elles ont de plus spécieux et de plus radical.

Je choisirai tout naturellement parmi ces doctrines celles qui appartiennent à l'un des hommes les plus influents de la Société internationale des travailleurs; à celui qui passe même pour être le plus versé dans les matières économiques. Je veux parler ici de M. Karl Marx, dont les élucubrations socialistes ont été exposées dans de gros volumes, mais qui n'ont pas, que je sache, été traduits en français. On peut trouver néanmoins un résumé complet de son système dans une des conférences faites à Barmen par M. H. de Sybel, très-compétent en pareille matière; conférences dont un extrait a été publié par la *Revue scientifique*.

Les doctrines économiques de M. Kar Marx, quoique ayant leur point de départ dans des idées radicalement fausses, au point de vue de l'observation réelle des faits, n'en sont pas moins dangereuses pour les simples d'esprit; car elles paraissent légitimer, en apparence, toutes les prétendues revendications du prolétariat.

En voici un aperçu :

M. Karl Marx distingue, pour les besoins de sa cause, dans toute marchandise une double valeur : la valeur d'usage et la valeur d'échange. Ainsi, dit-il à ce sujet, ni cent, ni mille beefsteaks ne peuvent remplacer une paire de chaussures, et cela n'empêche pas un certain nombre de beefsteaks d'avoir exactement la même valeur d'échange que cette paire de chaussures. Il y a donc, selon lui, un caractère commun à toute marchandise, et il en conclut, comme Ricardo, que c'est le travail humain nécessaire à sa production.

Cette dernière vérité est banale et ne mène pas à grand'chose; mais on va voir bientôt pourquoi il insiste tant sur cette distinction puérile entre la valeur d'usage et la valeur d'échange.

Néanmoins, je ne lui contesterai rien quand il dit : « *Pour que le travail ait une valeur d'échange, il faut qu'il soit utile et réponde à quelques besoins ; enfin, il faut qu'il ait une valeur d'usage.* » Soit.

Mais, selon notre grand communiste, ce n'est pas le genre de travail, sa réussite, son à-propos, qui fait le prix d'un objet; c'est le travail en lui-même, et, selon ses expressions, « *c'est l'effort de cerveau, de nerfs, de muscles qui le produit. Cet effort*, dit-il, *constitue la mesure même de la valeur d'échange, et se mesure lui-même uniquement par sa durée. Ainsi* — c'est toujours lui qui parle, — *quoique le travail du tailleur diffère essentiellement de celui du tisserand, si pour produire un paletot, il faut juste autant d'heures que pour produire dix mètres de toile, ces deux marchandises vaudront le même prix sur le marché.* »

Tout ceci est déjà très-contestable, ou pour mieux dire très-inexact, soit dit en passant ; car la valeur d'un objet, tout le monde le comprend, n'est pas, à beaucoup près, en raison de la durée du travail qu'il a nécessité ; mais en raison, on peut dire, de l'à-propos de ce travail et de l'habileté déployée pour l'exécuter. Néanmoins, passons ; allons droit aux conséquences que M. Karl Marx tire de ses prémisses, et nous arriverons tout de suite au point capital de son argumentation.

« *Si la valeur d'une marchandise est le produit du travail seul*, dit maintenant le célèbre utopiste, *à qui donc appartient cette marchandise, si ce n'est au travailleur ?* » Et vous allez voir qu'il n'entend en réalité par travail, que le travail manuel, puisqu'il arrive à poser cette question : « *Comment se fait-il que le fabricant, le patron, se permette de confisquer la valeur d'échange à son profit ?* »

C'est ici le moment de faire remarquer de nouveau qu'en définitive, tout est erroné dans les affirmations M. Karl Marx. Et d'abord, comme le dit M. H. de Sybel dans les conférences en question :
« *La vraie mesure de la valeur d'échange n'est pas seulement la durée du travail producteur, c'est la relation de ce travail avec l'intensité du besoin qu'il est appelé à satisfaire ; ou, pour être plus bref, c'est l'utilité du travail qui est à la fois la source et la mesure de la valeur.* »

Mais continuons, et voyons enfin les dernières conséquences que notre grand socialiste va tirer de ses théories fantaisistes.

« *Le travail*, dit-il, *ayant en vue la satisfaction de quelques besoins humains, ajoute à la matière qu'il modifie sa propre valeur ; or, comme la valeur d'échange de toute marchandise se compose de la valeur de la matière brute, d'une partie du prix des instruments de travail, et enfin de la valeur du travail qui l'a produite ; plus il faut de travail pour produire, plus la valeur d'échange sera élevée ; et ainsi la valeur d'une marchandise est égale, exactement, à la valeur des moyens de production, plus à la valeur du travail.* » Et c'est alors qu'il arrive à la question décisive de tout son système. Or, dit-il, « *si le fabricant produit, c'est pour faire un bénéfice!* » D'accord ; mais comme, selon M. Karl Marx, la valeur de la marchandise se compose seulement d'une partie de la valeur des moyens de production et du travail nécessaire pour l'obtenir, il lui paraît évident, *que si la vente de la marchandise ne rapportait pas autre chose que le montant de cette double valeur, il n'y aurait pas de profit pour le producteur.* Et cependant, ajoute-t-il, la richesse publique s'accroît indéfiniment! Il en conclut donc que *cet accroissement est dû au travail seul;* et, n'oublions pas qu'il sous-entend toujours par travail, le travail manuel. Le travail, en un mot, produirait, d'après lui, beaucoup plus de valeurs qu'il n'en coûte. Conclusion plus que singulière ; car en réalité, la richesse publique augmente, tout simplement, parce que l'homme produit plus qu'il ne consomme, matériellement parlant.

Mais, si l'on admet pour un instant cette affirmation : *le travail produit plus qu'il ne coûte*, on va voir comment le célèbre communiste s'en sert pour attaquer la constitution actuelle du capital, en prétendant que, *dans ce cas, ce qui est pour l'ouvrier indépendant une source de profits, de valeurs sans cesse croissantes, devient exploitation et pillage quand l'ouvrier n'est que mercenaire; car le capitaliste,*—on le voit, il n'est déjà plus question de patrons, de producteurs, et l'intention est flagrante ;— *car le capitaliste*, dit-il, *ne travaille pas par lui-même; il ne fait qu'occuper l'ouvrier salarié; et il ne lui paye, comme salaire, que la valeur d'échange ou le prix de son activité.* Et, ajoute encore M. Karl Marx, *comme le prix du travail se détermine d'après la même loi que celui de toute marchandise, c'est-à-dire d'après la dépense de temps et de force, on peut en conclure, que la valeur du travail journalier égale celle des moyens de subsistance nécessaires à l'entretien pendant un jour de l'ouvrier et de sa famille; et que, d'une autre part, le prix de ces moyens de subsistances se détermine aussi par la durée du travail nécessaire à leur production.*

C'est alors qu'il introduit dans son argumentation une hypothèse gratuite, en supposant que six heures de travail suffisent, en moyenne, à produire ces moyens de subsistance, et que six heures de travail suffisent également à la fabrication d'un thaler d'argent ; d'où il conclut que le prix normal du travail serait alors d'un thaler par jour. L'ouvrier vend donc, selon lui, au capitaliste, pour ce prix, son travail d'un jour tout entier. Partant de là, il s'écrie : « *Quel abominable marché! l'ouvrier vend donc son travail pour un thaler; et pour le prix de six heures de travail, il donne une journée de douze heures.* » Puis arrive cette conclusion : que la valeur d'échange du travail est inférieure à la valeur d'usage ; en un mot, que les frais nécessaires pour obtenir ce travail, sont de beaucoup inférieurs à ce qu'il produit.

Ainsi, par exemple, d'après Karl Marx, le fileur ajoute au coton en le transformant en fil, la valeur d'un thaler, c'est-à-dire ce que le fabricant lui paye pour le prix d'une journée de travail ; mais comme la journée est de douze heures, l'ouvrier travaillerait donc six heures au profit exclusif du fabricant. C'est là, selon notre singulier économiste, le secret de la multiplication du capital. Et à ce sujet, il prétend que, tandis qu'aucune force humaine ne réussit à tirer quelque chose de rien, le capital transforme 100 thalers en 200, et ainsi de suite. *Énigme aussi simple qu'odieuse!* s'écrie-t-il de nouveau ; *et néanmoins personne n'a encore entrevu comment se produit ce monstrueux accroissement.*

Il devient donc alors très-facile à M. Karl Marx de conclure, que si le capitaliste renouvelle tous les jours ce marché, d'obtenir pour 100 thalers un travail qui doit en produire 200, et opère journellement sur 100, sur 1000 ouvriers, tout en augmentant souvent encore la durée des heures de travail, il exploite de plus en plus les bras mercenaires. Et, ajoute-t-il encore : *si l'on suppose des machines de plus en plus perfectionnées, et une journée de travail allant quelquefois jusqu'à dix-huit heures, il devient tout simple que les capitalistes entassent millions sur millions.*

Aussi, en fin de compte, M. Karl Marx affirme que dès que le travail humain, qui prête aux marchandises leur valeur d'échange, devient lui-même une marchandise, tout est dit : l'exploitation et la dégradation de l'ouvrier mercenaire en résultent fatalement.

Et à ces sombres tableaux, notre grand communiste oppose un âge d'or, une époque où tout le monde produisait tout ce qui était nécessaire à ses besoins, et où il était à peine question de valeur d'échange et de marchandise. Mais, prétend-t-il, en ce qui concerne au moins l'Angleterre, *depuis le xvi° siècle, les grands propriétaires fonciers, pour transformer leurs terres en pâturages et en forêts, en ont chassé par milliers leurs fermiers et leurs journaliers, et les ont forcés de se réfugier dans les villes et d'offrir aux capitalistes leur travail mercenaire.* Quant à ces capitalistes, d'après lui encore, ils n'avaient acquis leurs richesses qu'en pillant le Nouveau-Monde et les Indes, après les découvertes de Colomb et de Vasco de Gama. C'est alors qu'il condamne sans rémission le capital actuel, comme étant le résultat du pillage et de l'exploitation. Aussi il arrive, tout naturellement, à dire qu'il faut en finir avec un régime aussi odieux; et l'homme dont nous venons d'analyser brièvement les doctrines propose, enfin, de transporter à la communauté tout entière le sol et les instruments de travail; de supprimer la propriété privée, et d'opérer préalablement la LIQUIDATION SOCIALE.

J'avais vraiment hâte d'en finir avec les théories de M. Karl Marx, et je vous avoue que ce n'est pas sans un certain sentiment de tristesse que je discute de pareilles choses. Il me semble toujours que l'on va me dire : Pourquoi donner de l'importance à des aberrations pareilles? Et cependant, quand on a vu, comme moi, avec quel fanatisme convaincu étaient accueillies en 1848, au Luxembourg, les doctrines de l'auteur de l'organisation du travail; quand on a suivi avec attention la marche de l'idée socialiste, la facilité avec laquelle tout ce qui flatte les illusions et les passions envieuses est accepté par les foules, on apprécie les choses différemment, et l'on comprend tous les dangers d'une propagande de ce genre, quelle que soit l'inanité des théories qui lui servent de base.

Enfin, me voici arrivé au bout de ma tâche; mais laissez-moi encore vous dire que, malgré tout ce qu'on lui a opposé, depuis cette fatale année 1871, la propagande socialiste, dans la limite des moyens d'action que lui ont laissés les différents gouvernements ligués contre elle, est aussi active que par le passé. Et, croyez-le bien, pour celui qui suit attentivement le travail souterrain, familier à cette propagande, les chefs commencent à rallier de nouveau leurs soldats pour un moment dispersés. N'oublions pas surtout, que parlant au nom d'une justice absolue, l'on pourrait dire brutale, et en dehors de l'humanité, les théories socialistes radicales n'en paraissent pas moins rationnelles aux esprits simples; et qu'elles sont défendues quelquefois par des hommes honnêtes et convaincus. Enfin, la propagande socialiste est d'autant plus à craindre, qu'elle représente à la fois toutes les revendications des déclassés, et toutes les illusions des esprits jeunes et ardents.

Ce qu'il ne faut pas oublier, non plus, c'est que tous les moyens sont bons à la *Société internationale des travailleurs* pour grouper les masses ouvrières; et que, là où de généreux esprits ne voient qu'un moyen d'entente, de rapprochement, pour traiter à l'amiable des intérêts communs, les sectaires de l'Internationale, ses affiliés, y trouvent l'occasion d'une propagande active. Et je ne crains pas de le dire, car je ne serai pas démenti par les hommes qui emploient beaucoup d'ouvriers et suivent de près certains agissements mystérieux : à l'heure actuelle encore, le corps social est infecté du venin socialiste; et si pour le moment il prend un caractère plus bénin, en apparence, cela tient à une seule cause : c'est que, se croyant bien près d'être maîtres, par le nombre, du terrain politique, beaucoup de socialistes sont persuadés qu'ils peuvent tout attendre de l'exercice régulier du suffrage universel.

Et, j'ose aussi ajouter que le triomphe seul de ce qu'on appelle le radicalisme en politique nous conduirait infailliblement, par la propagande des utopies socialistes, à un essai de communalisme plus autoritaire, plus désorganisateur qu'aurait pu être le premier. Dans ce cas, nous pourrions bien voir sombrer à la fois nos traditions, notre sécurité, et notre prospérité matérielle. Qui sait! on arriverait peut-être à s'entre-tuer sur un radeau toujours près de faire naufrage, et qui ne serait plus qu'un débris de ce superbe navire qui a nom *La France*, et représente encore, malgré ses glorieuses avaries, ce qu'il y a de plus fier et de plus hospitalier dans le monde civilisé.

Non! ne l'oublions pas, nous sommes encore bien loin d'en avoir fini avec les illusions socialistes, et bien loin surtout d'avoir réduit à l'impuissance les mauvaises passions qu'elles ont surexcitées.

Nous avons, il est vrai, après une lutte effrayante qui a mis la société à deux doigts de sa perte, rejeté dans un autre hémisphère quelques milliers de sectaires plus ou moins dangereux, mais qui ne représentent, en définitive, qu'une faible partie de l'armée des utopies sociales et des passions révolutionnaires. Quoi qu'il en soit, nous ne sommes pas encore parvenus à modifier les idées qui ont mis les armes à la main à la plupart d'entre eux. Et, soyez-en convaincus, Messieurs, le nombre de ceux qui sont, au fond du cœur, en lutte ouverte avec notre constitution sociale et économique, est plus grand qu'on ne le croit généralement. Il faut, si je puis m'exprimer ainsi, faire une certaine étude des sentiments secrets des masses, pour bien se rendre compte de cet état de choses. Oui, toutes les résistances paraissent, dans ce moment, brisées ; les derniers échos de la lutte sociale sont muets ; tout semble calme à la surface ; mais je puis vous assurer qu'il ne faut pas prêter une oreille bien attentive pour entendre le bruit du travail souterrain qui continue à nous menacer.

Jetez, du reste, les yeux autour de vous, lisez ce qu'impriment tous les jours à l'étranger les organes du parti socialiste autoritaire ; voyez ce qui se passe chez une nation voisine, qui est sous le coup de convulsions politiques ; rendez-vous compte de la force et de la puissance de certains mouvements communalistes ; eh bien, cela ressort de faits incontestables ; encore une fois, la main de l'Internationale est dans tout cela.

Sans doute, chez nous, la force a fait momentanément son œuvre ; mais, au point où en sont les choses, la force seule ne peut suffire. Ce n'est pas par la force que vous détruirez les illusions socialistes ; vous pourrez tout au plus comprimer pour un temps les mauvaises passions qui s'appuient sur elles. Ce n'est, selon moi, que par une propagande active, incessante, qui soit à la hauteur de la gravité du mal, que nous pouvons espérer conquérir la paix sociale.

Qu'attendons-nous pour faire quelque chose de semblable ? Un charmant esprit, un écrivain distingué, un savant économiste, un vulgarisateur bien doué, ne nous a-t-il pas facilité notre tâche ? Bastiat, auquel il faudrait élever des statues, n'a-t-il pas même, un jour, avec un bon sens profond, mis au service d'un savoir sérieux, pris corps à corps et terrassé le paradoxe incarné dans la personne de celui qui, pour faire plus de bruit sans doute, a osé écrire cette proposition étourdissante : « *La propriété, c'est le vol!* » Bastiat n'a-t-il pas démontré que le capital : *c'est la puissance démocratique, philanthropique et égalitaire par excellence?* et n'a-t-il pas ajouté : *celui qui en fera connaître l'action, rendra le plus signalé des services à la société, car il fera cesser cet antagonisme de classes qui n'est fondé que sur une erreur.*

Eh bien, de quoi s'agit-il, en effet? Simplement de faire pénétrer deux ou trois vérités de ce genre dans les masses; de leur faire comprendre, par exemple, que la richesse est utile à tous; qu'elle doit être respectée si l'on veut qu'elle se constitue, et que la menacer et vouloir la partager, c'est tuer tout bonnement *la poule aux œufs d'or.* Que nous manque-t-il, en définitive, pour répandre partout les véritables axiomes de l'économie sociale et politique? Est-ce le savoir? Tout ce qui m'entoure est ici une protestation vivante du contraire. Sont-ce les moyens d'exécution ? Mais un ou deux millions suffiraient pour cela; et nous en donnerions volontiers cinquante pour assurer la paix sociale à nos enfants.

Hélas! ne le voyons-nous pas? notre ennemi le plus dangereux n'est pas celui qui vient de nous faire sentir si lourdement le poids de ses armes, et qui a si heureusement profité de notre légèreté, de notre peu de prévoyance, de nos illusions patriotiques. Cet ennemi, du reste, croyez-le bien, est aussi menacé que nous, si ce n'est plus. Notre véritable ennemi, ce sont les passions antisociales et révolutionnaires ; car le jour où elles livrent bataille à la société, elles ne craignent pas de prendre à leur solde l'armée du mal. Et cette armée, Messieurs, est toujours plus nombreuse qu'on le pense, dans toutes les grandes agglomérations humaines.

Quant à l'idée socialiste, si on ne la combat pas avec énergie, soyez convaincus qu'elle peut faire le tour du monde ; car, représentant les illusions et les mauvaises passions, elle sera longtemps la plaie de nos sociétés riches et agglomérées; là où les pompes orgueilleuses de la richesse s'étalent, souvent inconsidérément, en présence des lamentables misères qu'engendrent le plus souvent la paresse et l'imprévoyance, ainsi que certains vices honteux ; là où il est souvent impossible de bien secourir ceux qui n'ont même pas mérité leur infortune. Toutes ces choses, il faut l'avouer, font naître dans l'âme humaine un sentiment amer, et paraissent donner aux esprits irréflichis le droit de dire qu'en bonne justice distributive, cela ne devrait pas être. Aussi, ceux qui se regardent, le plus souvent bien à tort, comme les déshérités de la société, seront longtemps disposés à croire, par exemple, qu'avec des institutions nouvelles, l'inégalité des conditions pourrait être moindre ; et, dans tous les cas, qu'on peut obtenir très-aisément une meilleure répartition des fruits du travail.

Maintenant, supposez que nous soyons contraints par la force des choses, et tout est admissible avec le suffrage universel, à en arriver à la liberté illimitée de la presse, au droit de réunion ; et vous verrez alors quel parti les utopistes et les sectaires de l'*Internationale* sauront tirer de nos infirmités sociales ; du spectacle de ces misères inhérentes à l'espèce humaine, et que l'on rencontre à chaque pas, même dans les sociétés les plus avancées en civilisation et les plus prévoyantes. Vous devez vous rappeler tous, du reste, le langage de certains organes de la presse dans nos jours néfastes ; et si je ne craignais pas d'abuser encore une fois de votre bienveillante patience, je vous lirais quelques lignes d'un journal qui s'est vendu par milliers d'exemplaires dans Paris terrifié. Cela vous prouverait jusqu'où l'on peut aller quand il s'agit, pour les besoins de la cause, de surexciter les mauvaises passions.

J'ai fini, Messieurs et Mesdames, heureux d'avoir pu devant une réunion aussi éclairée, aussi savante, donner un aperçu de ce que j'ai l'intention de publier avant peu, sans l'espoir d'être beaucoup lu, car on ne lit guère aujourd'hui les gros volumes signés d'un nom inconnu. Du reste, rien n'est si difficile, je dois le reconnaître, que de faire pénétrer à l'heure qu'il est dans les masses défiantes et illusionnées, ce qu'on peut appeler les vérités sociales. Il ne s'agit pas simplement de les présenter d'une manière claire et saisissante, mais il faut encore, pour réussir, les efforts de beaucoup de dévouements désintéressés. Cependant, selon moi, ce résultat peut être obtenu. Mais, comme je le laissais entrevoir il y a un instant, il faudrait pouvoir arriver à fonder une société puissante, faisant distribuer partout et gratuitement, sous la protection d'un pouvoir éclairé et bienveillant, de petits livres utiles aux intérêts matériels, et renfermant la démonstration facile à comprendre de certaines vérités économiques. Ces petits livres devraient être répandus jusque dans le dernier des hameaux perdus dans nos montagnes. Il faudrait aussi, comme dans certain commerce, permettez-moi cette comparaison, profiter du renouvellement de l'année, par exemple, pour distribuer, par centaines de mille, des almanachs contenant, entre autres choses, de simples leçons d'économie politique, et expliquant surtout aux pauvres d'esprit ce que c'est que la richesse ; le rôle civilisateur qu'elle joue dans les sociétés modernes ; son action décisive sur le bien-être général, etc., etc. Ce qu'il faudrait encore, et cela regarde les pouvoirs publics, ce serait que nos enfants n'apprissent à lire et à écrire que dans un petit résumé, bien à leur portée, de la vraie science économique et sociale, dont les préceptes se graveraient alors dans leur mémoire par la force des choses. Ce serait, pardonnez-moi l'expression, une réserve morale pour l'avenir.

Ah ! il y a bien à faire, croyez-le. Ainsi, ce que tant d'hommes distingués prêchent, écrivent, n'est pas connu du plus grand nombre, même des classes dirigeantes, en général. Il y a encore aujourd'hui tel bourgeois — pour parler le langage socialiste — qui, quoique étant très-capable d'être à la tête d'une usine ou d'un commerce important, ignore souvent le premier mot de la science économique ; et n'est point en état, par exemple, de réfuter un orateur de cabaret qui émettrait, sous des formules spécieuses, une énormité en pareille matière.

Et puis, vous le savez, le peuple procède toujours instinctivement, et il sera toujours assez difficile de lui faire admettre qu'il est dans la nécessité des choses, que la grande richesse vive côte à côte avec certaines misères ; et surtout que, plus il y a de riches moins il y a de pauvres.

L'ouvrier, dans ce moment, n'a entre les mains, qui ne le sait ? que de petites brochures socialistes et antireligieuses ; or, même en répandant davantage l'instruction primaire, qui est la seule que l'on puisse donner au plus grand nombre, vous n'en arriverez pas moins fatalement à ce résultat : c'est qu'avant peu, le paysan sera dans les mêmes conditions morales que l'ouvrier. Comment voulez-vous donc que les passions haineuses ne fermentent pas de plus en plus dans le cœur de ceux à qui l'on répète sans cesse qu'ils sont les déshérités de la civilisation?

Maintenant, Messieurs et Mesdames, n'allez pas croire que je sois un pessimiste, que je voie les choses en noir, comme on dit vulgairement; non! soyez-en sûrs, je ne charge pas le moins du monde le tableau. Et si l'on consulte dans les grands centres, comme à Paris, à Lyon et ailleurs, les hommes qui emploient beaucoup d'ouvriers; si l'on questionne, même parmi les ouvriers, ceux qui ne partagent pas les idées de la plus grande partie de leurs camarades, ils vous diront qu'en général, le salariat est travaillé par les idées socialistes; que beaucoup d'ouvriers regardent les patrons comme des exploiteurs, et rêvent un ordre économique différent de celui qui existe et peut exister; état de choses dont ils ne se rendent pas toujours bien compte, à coup sûr, mais qui se rapprocherait plus ou moins de l'égalité des salaires, ou d'un prétendu partage égal des fruits du travail. Or, dans une telle situation morale, est-il possible que notre rêve à tous, *la paix sociale*, soit bien assurée?

www.ingramcontent.com/pod-product-compliance
Lightning Source LLC
Chambersburg PA
CBHW060955050426
42453CB00009B/1189